For Tina - H.B.
For my family and friends - R.D.

First published 2002 by Mantra
5 Alexandra Grove, London N12 8NU
www.mantralingua.com

British Library Cataloguing in Publication Data:
a catalogue record for this book is available
from the British Library.

Èarobna Frula
The Pied Piper

retold by Henriette Barkow
illustrated by Roland Dry

Turkish translation by Talin Altun

mantra

Bazıları bu hikayenini gerçek olduğuna inanır, bazıları ise inanmaz. Yine de ben bu hikayeyi sizlere analtacağım.

Çok zaman önce eski günlerde Hamlin adında bir kasaba vardı. Senin ve benim gibi sıradan insanların yaşadığı sıradan bir kasabaydı.

Bir sene kasabayı FARELER bastı. Büyük fareler ve küçük fareler vardı, şişman fareler ve zayıf fareler. Nereye baksan FARE vardı!

Some people believe this story is true, and others that it is not. But either way this story I will tell to you.

Many years ago, in the days of old, there was a town called Hamelin. It was an ordinary town, with ordinary people just like you and me.

One year the town had an invasion of RATS. There were big rats and small rats, fat rats and thin rats. Wherever you looked there were RATS!

Sizin de tahmin edebilececğiniz gibi kasaba halkı çok üzülmüştü. Belediye binasına gidip başkandan birşeyler yapmasını istediler.

"Benim ne yapmamı bekliyorsunuz?" diye bağırdı. "Ben fare avcısı değilim."

As you can imagine, the people of the town were very upset. They stormed to the town hall and demanded that the mayor do something.

"What do you expect me to do?" he shouted. "I'm not a rat catcher!"

Tam o anda çok garip kıyafetler giyinmiş, elinde kavalını tutan bir yabancı belirdi. Kalabalık yabancıya baktı, insanların genelde yabancılara baktığı şekilde, ama bu onu rahatsız etmedi.

At that very moment a stranger appeared, wearing the most unusual clothes and holding a pipe in his hand. The crowd stared at the stranger, the way that people often stare at strangers, but that didn't bother him.

Yabancı başkana doğru yürüyerek kendini tanıttı. "Bana Kavalcı derler ve eğer bana yirmi tane altın verirseniz bütün fareleri buradan götürürüm."

Bu başkanın çok hoşuna gitti. "Eğer gerçekten söylediğni yapabilirsen, sana seve seve paranı öderim," diye cevapladı.

The stranger walked straight up to the mayor and introduced himself. "They call me the Pied Piper and if you pay me twenty pieces of gold I will take all your rats away."

Well this was music to the mayor's ears. "If you can truly do what you say, I shall be more than happy to pay you," he replied.

Kasaba halkı durdu ve seyretti. Bu sözde Kavalcı gerçekten bütün farelerden kurtulabilirmiydi- büyük fareler ve küçük fareler, genç fareler ve yaşlı fareler?

The town's people waited and watched. Could this so called Pied Piper really get rid of all the rats - the big rats and the small rats, the young rats and the old rats?

Kavalcı yavaşca kavalını çalmaya başladı ve inanılmaz birşey oldu. Her köşeden ve delikten fareler sokaklara döküldü ve müziğin büyüsü altında Kavalcıyı takip ettiler.

The Pied Piper slowly started to play his pipe and an unbelievable thing happened. From every nook and cranny the rats poured out onto the street, and under the spell of the music, they followed the piper.

Onu Hamlin kasabsından dışarı Veyser nehrine takip ettiler. Burda Kavalcı müziğini değiştirdi ve kederli bir feryatla fareler kendilerini buz gibi suyun içine atıp boğuldular.

They followed him out of Hamelin town to the river Weser. Here, the Pied Piper changed his tune and with a mournful wailing, the rats threw themselves into the icy water and drowned.

Hamlin kasabasının belediye başkanı çok açgözlü bir adamdı ve bir yabancıya para vermeyecekti. Kavalcı geri dönüp altını istediğinde başkan gülüp başını salladı. "Artık fareler gittiğine göre neden ben sana birşey vereyim ki?" dedi.

Now the mayor of Hamelin was a greedy man, and he wasn't going to give any money to a stranger. When the Pied Piper came and demanded his pieces of gold the mayor laughed and shook his head. "Now that the rats are gone why should I give you anything?" he snarled.

Halk durup dinledi. Başkanın yanlış olduğunu bildikleri halde
Kavalcıya destek çıkmadılar. Tek bir kelime bile söylemediler.

The people stood and listened. They didn't stand up for
the piper, even though they knew that their mayor was wrong.
They didn't say a word.

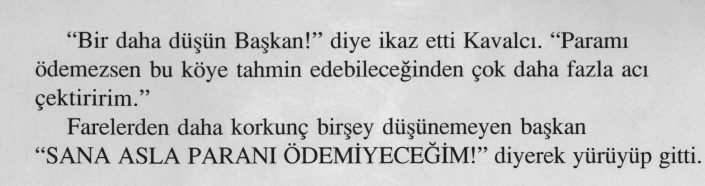

"Bir daha düşün Başkan!" diye ikaz etti Kavalcı. "Paramı ödemezsen bu köye tahmin edebileceğinden çok daha fazla acı çektiririm."

Farelerden daha korkunç birşey düşünemeyen başkan "SANA ASLA PARANI ÖDEMİYECEĞİM!" diyerek yürüyüp gitti.

"Think again, mayor!" the piper warned. "If you don't pay, then I will make this town suffer more than you can ever imagine."

Well the mayor couldn't think of anything worse than the rats and so he stomped off shouting: "I WILL NEVER PAY YOU!"

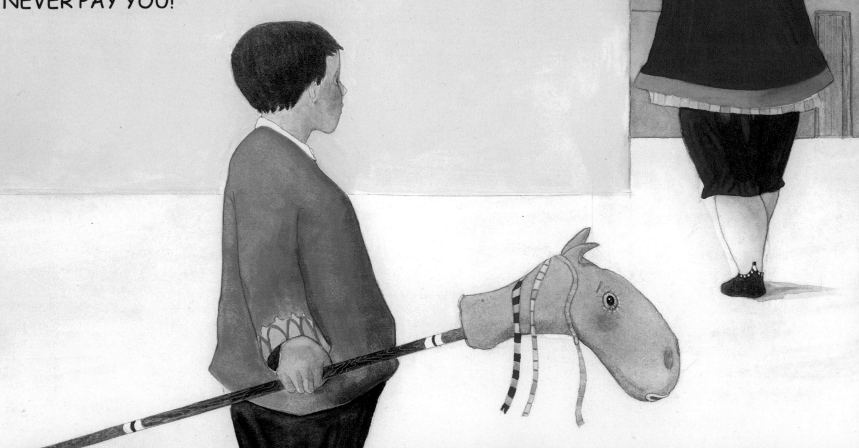

O günü öğlenden sonra, halk kasabayı tamir ederken, kavalcı köy merkezine geldi. Yavaşça kavalını ağzına yaklaştırıp kelimelerle anlatılamayacak bir nağme çaldı.

That very afternoon, while the people were busy repairing their town, the Pied Piper stood in the town square. Slowly he lifted the pipe to his lips, and played a tune that no words could describe.

Her yeni notayla daha çok çocuk belirdi ve müzik eşliğinde şarkı söyleyip dans ettiler.

With each new note more and more children appeared, and danced and sang to the music.

Kavalcı kavalını çalarken dönüp kasabanın dışına doğru yürümeye başladı ve bütün çocuklar müziğin büyüsüne yakalanıp onu takip ettiler.

The Pied Piper turned and walked out of the town playing his pipe and all the children followed, caught under the spell of his music.

Tepelerden yukarı nağme eşliğinde şarkı söyleyip dans ettiler. Artık daha fazla gidemiyecekleri anda karşılarında bir kapı açıldı.

Up the hill they danced and sang to the rhythm of the tune. When it looked like they could go no further, a door opened before them.

Birer birer bütün çocuklar Kavalcıyı tepenin içine sonsuza kadar takip ettiler. Onlara ayak uyduramayan bir tanesi dışında.

One by one the children followed the Pied Piper into the heart of the hill forever. All except one, who could not keep up with the others.

Küçük çocuk kasabaya geri döndüğünde sanki bir büyü bozulmuştu.
Olanaları anlatırken halk inanamayarak ona baktı.
Çocuklarını çağırıp ağlandılar ama onları bir daha asla göremediler.

When the little boy returned to the town it was as if a spell had been broken.
The people stared at him in disbelief when he told them what had happened.
They called and cried for their children, but they never saw them again.

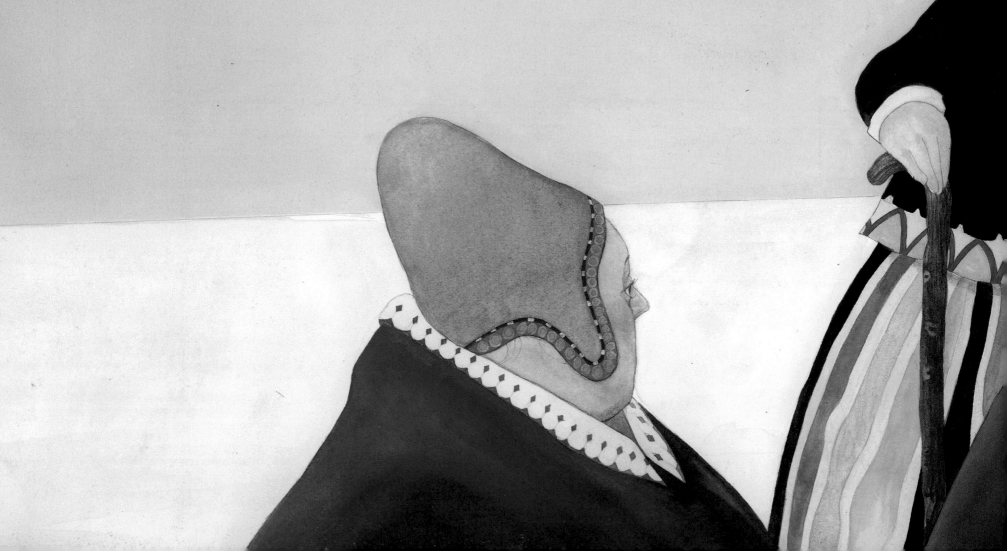

Key Words

town	kasaba
people	halk
rats	fareler
town hall	belediye binası
mayor	belediye başkanı
rat catcher	fare avcısı
stranger	yabancı
clothes	kıyafet
pipe	kaval
crowd	kalabalık
pied piper	kavalcı
twenty	yirmi
pieces of gold	altın

Anahtar Kelimeler

music	müzik
playing	çalmak
river	nehir
greedy	aç gözlü
money	para
suffer	acı çckmek
children	çocuklar
danced	dans etmek
sang	şarkı söylemck
rhythm	ritim
tune	nağme
hill	tepe
spell	büyü

Fareli Köyün Kavalcısı efsanesi Almanyanın Hameln kasabasında yer alan olaylardan ortaya çıkmıştır. Hikaye 1284 senesine dayanır.

Daha fazla bilgi istiyorsanız Hameln kasabasının mükemmel bir İngilizce internet sayfası var. http://www.hameln.com/englis

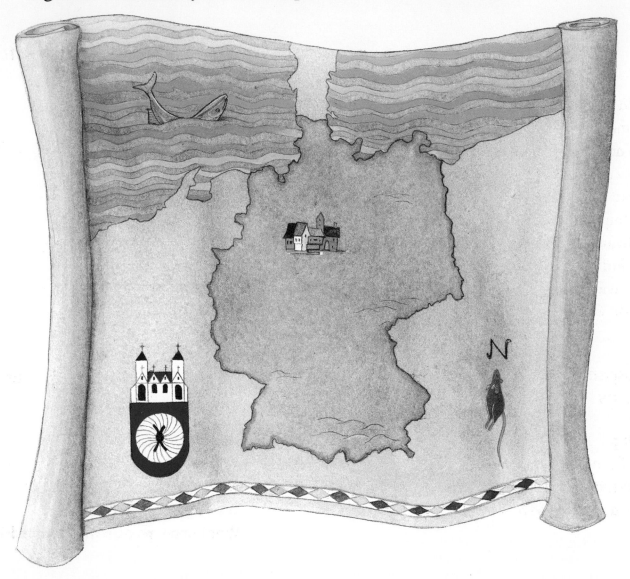

The legend of the Pied Piper originates from events that took place in the town of Hameln in Germany. The story dates back to 1284.

If you would like more information the town of Hameln has an excellent website in English: http://www.hameln.com/englis

If you've enjoyed this bilingual story in Turkish & English look out for other
Mantra titles in Turkish & English

Folk stories in Mantra's World Tales Series

Buri and the Marrow- an Indian folk story
Buskers of Bremen - adapted from the Brothers Grimm
Don't Cry Sly - adapted from Aesop's Fables
Dragon's Tears - a Chinese folk story
The Giant Turnip - a Russian folk story
Goldilocks and the Three Bears
Jack and the Beanstalk - an English folk story
Not Again Red Riding Hood
The Pied Piper - a German legend
Three Billy Goats Gruff - a Scandinavian folk story

Myths and Legends in Mantra's World Heritage Series

Beowulf - an Anglo Saxon Epic
The Children of Lir - a Celtic Myth
Hanuman's Challenge - an Indian Myth
Pandora's Box - a Greek Myth

Mantra's Contemporary Story Series

Alfie's Angels
Flash Bang Wheee!
Lima's Red Hot Chilli
Mei Ling's Hiccups
Sam's First Day
Samira's Eid
The Swirling Hijaab
That's My Mum
The Wibbly Wobbly Tooth

Mantra's Classic Story Series

Handa's Surprise
Splash!
Walking Through the Jungle
We're going on a Bear Hunt
What shall we do with the Boo Hoo Baby?

Many of the above books are also available on audio CD. To see the full range of Mantra's resources
do visit our website on www.mantralingua.com